Po

Poer

Poèmes d'un coeur en exil

Poems from a Heart in Exile

Lâm Hồ Hiệp

TSAR

Toronto

1992

The publishers acknowledge generous assistance
from the Ontario Arts Council and the Canada Council.

© 1992 Lâm Hồ Hiệp

Except for purposes of review, no part of this book may be
reproduced in any form without prior permission of the publisher.

ISBN 0-920661-28-9

TSAR Publications
P.O. Box 6996, Station A
Toronto, M5W 1X7 Canada

Cover design: James McLandress

Acknowledgements

Thank you to my family for their patience.

Thank you to the many friends who encouraged and supported me throughout this project, especially David Cranton for his assistance with the English language.

Thank you to James McLandress who offered his artistic and poetic talents, and without whom this book would not have been.

Lâm Hồ Hiệp

CONTENTS

IV.

V.

BIEN LOIN D'ICI

Bien loin d'ici il y a la terre
D'un pauvre pays où je suis née.
Nuit après nuit, échos de guerre
Berçaient d'horreur mes tendres années.

Bien loin d'ici il y a le toit
De la maison où j'ai grandi,
Sourires et pleurs, chagrins et joies,
Et l'innocence des temps jadis.

Bien loin d'ici il y a les briques
Des murs d'école où j'ai appris
Lecture, grammaire, mathématiques,
En côtoyant de chers amis.

Bien loin d'ici il y a le sable
Des plages d'or où j'ai caché
Mes rêves d'enfant inoubliables
Remplis d'espoir et de beauté.

Bien loin d'ici il y a les champs
Où mon amour a succombé,
Baignés de larmes, sueur et sang,
Tristes linceuls de corps tombés.

Bien loin d'ici il y a mon coeur,
Lambeaux de chair éparpillés,
Tout palpitant de mes douleurs,
Dans le pays que j'ai quitté.

FAR AWAY

Far away from here is the soil
Of a poor country where I was born.
Night after night, echoes of war
Lulled in horror my tender years.

Far away from here is the roof
Of the house where I was raised
Smiles and tears, sorrows and joys
And the innocence of long ago.

Far away from here are the brick walls
Of the schools where I learned
Reading, writing, arithmetic,
Together with dear friends.

Far away from here is the sand
Of golden beaches where I buried
My unforgettable dreams of childhood
Full of hope and beauty.

Far away from here are the fields
Where my loved one was overcome
Bathed in tears, sweat and blood,
Sombre shrouds of fallen men.

Far away from here is my heart
Shreds of flesh–scattered–
Still throbbing from my pain
In the country I left behind.

L'HERITAGE DE MON PERE

Mon père m'a appris à marcher:
Tiens-toi droite,
Garde la tête haute,
Regarde où tu poses les pieds,
Et j'ai marché avec confiance et sûreté.

Mon père m'a appris à travailler:
Tu peux faire mieux,
Encore plus d'efforts,
Tu dois être la première,
Et j'ai travaillé avec ardeur et succès.

Mon père m'a appris à être responsable:
C'est bien, ma grande!
Le devoir passe avant le plaisir,
On peut compter sur toi,
Et j'ai assumé toutes les responsabilités du monde.

Mon père m'a appris à donner:
Ton nom signifie généreux, tu sais?
Vois les gens qui sont moins fortunés que toi,
Donne à ta famille, à tes amis, à ceux qui en ont besoin,
Et j'ai donné de mon âme et de ma vie.

Mon père m'a appris à souffrir:
Ne geins pas comme une femme,
Souffre en silence,
Tu vois le loup de Vigny?
Et j'ai souffert avec pondérance et dignité.

Mon père ne m'a guère appris à aimer:
L'amour t'affaiblit,
Les épanchements sont vulgaires,
Contrôle tes sentiments,
Et je ne sais que faire de mon coeur immense et malheureux.

LEGACY OF MY FATHER

My father taught me how to walk:
Stand tall,
Hold your head high,
Look where you are going,
And I walked with confidence and assurance.

My father taught me how to work:
You can do better,
More effort,
You must be first,
And I worked with fervour toward success.

My father taught me to be responsible:
That's good, my eldest!
Duties come before pleasure,
We can count on you,
And I assumed all the responsibilities in the world.

My father taught me how to give:
Your name means generous, you know?
See the less fortunate than you,
Give to your family, your friends, those in need!
And I gave of myself wholeheartedly.

My father taught me how to suffer:
Do not moan like a woman,
Suffer in silence,
See the wolf in Vigny's poem?
And I suffered in silent dignity.

My father never taught me how to love:
Love weakens you,
Sentimental outpourings are vulgar,
Control your feelings,
And what do I do now with my heart immense and miserable?

PERMISSIONS

Quand tu viens dimanche
Ta tunique blanche
Rafraîchit le désert
De l'école militaire.

Sous le préau bondé
De rires et de parlers,
Nous sommes seuls pourtant
Dans notre univers d'amants.

Mes yeux dans les tiens,
Mon désir se retient.
Quelques heures de visite
Qui s'enfuient trop vite . . .

Tu viens jeudi soir,
Bouleversée du noir
De ton voyage solitaire
A l'école militaire.

Dans la loge étroite
Ma main de sueur moite
Rassure gauchement
Tes frayeurs d'enfant.

Extraordinaire entretien
Parlons de tout et de rien
Quelques minutes de joie
Mon coeur se remplit de toi.

Brèves permissions
Douloureuses d'émotions
Pour lesquelles je peine
Chaque jour de la semaine.

Pliant sous mon ballot
Sur le sentier plein de cahots,
Creusant d'interminables tranchées,
Les doigts ensanglantés,

LEAVES

When you come on Sunday
Your white tunic
Freshens the desert
Of the military school.

In the crowded courtyard
Full of laughter and talk
We are yet alone
In our lovers' world.

My eyes in your eyes,
My desire withheld.
A few hours of visit
Passing too quickly . . .

You come on Thursday evening
Distressed from the night
Of your solitary trip
To the military school.

In the narrow lounge
My moist hand
Clumsily calms
Your childish fears.

Extraordinary meeting
Let's talk about everything and nothing
A few minutes of joy
My heart fills with you.

Short leaves,
Painful with emotion,
For which I labour
Every day of the week.

Bending under my pack
On the bumpy path,
Digging endless trenches,
Fingers bleeding,

Cirant mes bottes de saut
A me courber le dos,
Avalant la pitance amère
De ma gamelle de fer,

Je songe à la douceur
De ces trop courtes heures
Où nous nous reverrions
A la prochaine permission . . .

Polishing my army boots
Until my back aches,
Swallowing the bitter pittance
Of my mess tin,

I dream of the softness
Of the too short hours
Until we meet again
At the next leave . . .

ENTRETIEN AVEC LE DOYEN

Monsieur le Doyen,
Je vous demande la permission
De manquer une semaine de classes.
Demain je vais chercher mon mari
  –Son corps, je veux dire–
Et je ne saurai prédire
Quand je serai de retour ici.

Monsieur le Doyen,
Il est dans l'Infanterie.
Quatrième Régiment.
Vous savez qu'il y a eu des combats récemment
Nombreuses pertes
Beaucoup de blessés
Des prisonniers de guerre.
J'ai reçu un télégramme hier.

Monsieur le Doyen,
C'était à la fin de la journée.
Ils s'étaient arrêtés après une longue patrouille.
Les soldats cuisinaient
Mon mari lisait.
  –Il a toujours adoré la lecture–
Au fait, il était votre étudiant en Littérature
Avant ce mois de juin ensanglanté
Où il a été mobilisé.

Monsieur le Doyen,
C'était une attaque-surprise.
L'ennemi a surgi d'un tunnel sous terre.
Nos troupes avaient déposé leurs armes.
  –Je vous prie d'excuser mes larmes–
C'est à cinq heures de vol d'ici
Je partirai demain à midi.

Oui, Monsieur le Doyen,
Nous avons des enfants.
L'aîné a deux ans
Le petit est né il y a trois mois.

MEETING WITH THE DEAN

Sir,
I request your permission
To miss classes for a week.
Tomorrow, I will go searching for my husband
 –His body, I mean to say–
And I do not know
When I will be back.

Sir,
He was in Infantry
Fourth Regiment.
You know there have been combats recently
Numerous losses,
Casualties,
Prisoners of war.
I received a telegram yesterday.

Sir,
It was the end of the day
They had stopped after a long patrol.
The privates were cooking
My husband was reading
 –He has always loved to read–
Actually, he was your student in Literature class
Before that bloody month of June
When he was enlisted.

Sir,
It was a surprise attack.
The enemy surged from a tunnel underground.
Our troops had laid down their arms.
Please excuse my tears
It's a five-hour flight from here
I will go tomorrow at noon.

Yes, Sir,
We have children.
The oldest is two
The little one was born three months ago.

Je vous remercie de votre bonté
Je crois être en robuste santé.
Je vous remercie de m'avoir octroyé cet entretien.
Je travaillerai fort pour les prochains examens.

I thank you for your kindness
I think I am all right.
Thank you for your permission,
I will study hard for the coming exams.

IDENTIFICATION

Bienvenue dans notre ville frontière
Pères, mères, épouses,
Familles de nos héros tombés!
C'est une douloureuse occasion
Mais veuillez écouter mes instructions
Pour procéder à l'identification
De vos êtres aimés.

Nous partirons demain à l'aube
Une G.M.C. vous conduira près des lieux.
Nous avons fait de notre mieux
Pour vous faciliter la tâche
Mais nous ne pourrons vous amener sur place
Il vous faudra marcher.
Veuillez suivre nos soldats éclaireurs
Il se peut que les champs soient encore minés.

Cherchez les plaques d'immatriculation
Ne vous laissez pas submerger d'émotions
Certains corps ne sont pas entiers
La plupart sont décomposés.
Voyez-vous, le combat a eu lieu la semaine passée
Mais il faut du temps pour vous informer
Et vous convoquer sur place.
Pour vous faciliter la tâche
Nous avons préparé ces sacs à dépouilles
Veuillez prendre le soin d'y vérifier
Le nom de vos êtres aimés.

Nous devrons être de retour ici
Avant la tombée de la nuit.
C'est pour votre sécurité.
Veuillez alors remplir et signer
Tous les papiers en trois exemplaires.
Pour vous faciliter la tâche
Nous avons préparé d'avance ces formulaires.
En dédommagement de votre perte,
Vous aurez droit à un an de salaire
De vos êtres aimés.

IDENTIFICATION

Welcome to our frontier town
Fathers, mothers, wives,
Families of our fallen heroes!
It is a sad occasion
But please listen to my instructions
To proceed with the identification
Of your loved ones.

We will leave tomorrow at dawn.
A GMC will take you near there.
We did our best
To make things easier for you
But we can't take you right to the place
You must walk.
Please follow our soldiers leading the way
Chances are the fields are still mined.

Look for the identification tags
Do not be overcome with emotion
Certain bodies are not whole
Most are decomposed.
You see, the battle took place last week
But it takes time to inform you
And assemble you up here.
To make things easier for you
We have prepared these body bags
Please take the time to verify
The names of your loved ones.

We must be back here
Before nightfall.
It's for your own security!
At that time, please fill out and sign
All papers in triplicate.
To make things easier for you
We have prepared these forms in advance.
In compensation for your loss
You are entitled to one year's salary
Of your loved ones.

JE ME SOUVIENS

Je me souviens de toi
Quelque part dans la terre en forme de S allongé
Notre pays fier de ses quatre mille ans de civilisation
Le Traité de Genève a tranché le S au dix-septième parallèle
J'étais encore trop jeune pour comprendre le Nationalisme,
le Communisme et le Capitalisme
Mais je comprenais l'effroi de la mobilisation et la
douleur de la séparation
La tristesse de femme sans époux
L'inquiétude d'enfants sans père.

Je me souviens de toi
Certains t'appellent héros car tu as donné ta vie pour la
liberté de ta patrie
D'autres te jugent criminel car tu as tourné les armes
contre ton peuple
Que m'importe que tu sois héros ou criminel?
Héroïsme et criminalité se prêtent toujours à différentes
interprétations
Mais mon coeur se serre en regardant tes habits vides
suspendus aux cintres
La poussière accumulée sur tes livres solitaires
Le silence obstiné de ta musique abandonnée . . .

Je me souviens de toi
Ton exubérance enfantine ce jour de janvier soixante-treize
On avait signé la trêve entre le nord et le sud
La guerre allait bientôt finir, on le croyait, on l'espérait
Mais les traités ne sont jamais respectés, on devait le savoir
Et les échos de Napalm, d'AK, de B-52 et de Mig continuaient
à déchirer la tranquillité des nuits exotiques
Les bombardiers piquaient du ciel azuré
Les ponts sautaient dans les matins ensoleillés . . .

Je me souviens de toi
La petite chambre chez un ami dans une ville inconnue
Tu avais réservée pour ma visite à Noël
Les murs blanchis à la chaux qui n'ont jamais abrité nos amours
Tes vingt-trois ans que nous n'avons jamais fêtés

I REMEMBER

I remember you
Somewhere in the land shaped like an elongated S
Our country proud of her four thousand years of civilization
The Treaty of Geneva severed the S at the seventeenth parallel
I was still too young to understand Nationalism, Communism and Capitalism
But I understood the dread of mobilisation and the pain of separation
The sadness of women without husbands
The worries of children without fathers . . .

I remember you
Some call you a hero because you gave your life for the freedom of your country
Others judge you a criminal because you turned your arms against your own people
What does it matter to me, whether you are a hero or a criminal?
Heroism and criminality are always open to different interpretations
But my heart aches seeing your empty clothes
on the hangers
The dust accumulating on your solitary books
The stubborn silence of your abandoned music . . .

I remember you
Your childish exuberance on that day in January seventy-three
A ceasefire had been signed between the North and the South
The war would be over soon, we believed, we hoped,
But treaties are never respected, we should have known
And echoes of Napalm, AK, B-52 and MIG continued to tear up the tranquillity of exotic nights
Bombers dived from the blue skies
Bridges exploded in the sunny mornings . . .

I remember you
The little room at a friend's place in a strange town
You reserved for my visit at Christmas
The whitewashed walls that never sheltered our love
Your twenty-third birthday that we never celebrated

Je suis venue te chercher dans la stupeur et le désespoir
La mort planait sur la ville déserte
La mort gisait dans mon coeur endeuillé . . .

I came looking for you in stupor and despair
Death was hanging over the deserted town
Death lay quiet and calm in my grieving heart . . .

DISCOURS DU PARTI

Réjouissez-vous, camarades!
Aujourd'hui, le trente avril
Commence votre nouvelle vie
Démocratique et socialiste.

Nous allons renommer le pays,
Les villes, les places et les rues.
Voici les noms que nous avons proposés
Applaudissez-les sans questionner.

Nous allons récrire l'histoire de la nation!
Marxisme, Léninisme et guerre d'indépendance
Voici les cours que nous avons préparés
Apprenez-les par coeur sans discuter.

Nous allons répartir les richesses!
Vos comptes en banque, titres et obligations
Dans nos coffres nous les avons déposés.
Ils seront désormais en sûreté.

Nous allons redistribuer les logis!
Vos manoirs, vos maisons et appartements
Nous les avons confisqués
En vous donnant le choix de les louer.

Nous allons réorganiser les vivres!
Vos moissons, vos récoltes, vos productions
Dans nos entrepôts nous les avons serrées
En vous donnant le choix de les racheter.

Nous allons contrôler les déplacements
Sur les routes, par voie de mer et par avion.
Auriez-vous raison valable de voyager,
Notre police vous en signerait les papiers.

Réjouissez-vous, camarades!
Français et Américains nous avons chassés.
Dans la gloire du Parti
Vous connaîtrez désormais
Justice, bonheur et égalité!

SPEECH FROM THE PARTY

Rejoice, Comrades!
Today, the thirtieth of April
Begins your new life
In democracy and socialism.

We will rename the country,
The cities, the places, the streets.
Here are the names we propose
Applaud them without questioning.

We will rewrite the history of the nation!
Marxism, Leninism and the war of independence.
Here are the lessons we prepared
Learn them by heart without discussion.

We will share the wealth!
Your accounts, deeds and bonds
Were deposited in our safes
From now on, they are secure.

We will redistribute lodgings!
Your mansions, houses and apartments
Have been confiscated.
You have the choice to rent them back.

We will reorganize the food supplies!
Your harvests, your crops, your goods
Were locked in our warehouses.
You have the choice to buy them.

We will control all movement
On the roads, on the water and in the air.
Should you have a valid reason to travel
Our police will sign the papers.

Rejoice, Comrades!
The French and Americans, we have driven out.
From now on, you will know
Justice, happiness and equality!

CRIMINELLE

Madame,
Veuillez prendre un siège.
Je comprends votre désarroi
Assoyez-vous et écoutez-moi!

Criminelle?
Certainement vous l'êtes!
Et dans un sens, vous ne l'êtes pas.
Tout dépend de la façon dont on le voit.

Dans votre jeunesse pleine d'aisance
–Permettez-moi de remonter à votre enfance–
Vous aviez déjà choisi
De vous éloigner de votre patrie.
Nationalité française
Formation française
Ne voyez-vous donc pas
Que vous aviez fait un faux-pas?

Votre profession d'enseignante
–Certainement noble–vous dites innocente
Des crimes contre votre pays
Prenez un moment et songez-y!
Qu'enseigniez-vous donc aux enfants?
Une littérature étrangère
Une philosophie étrangère
Des mensonges flagrants!

Professeur de Terminale,
Vous ne faisiez aucun mal?
Mais qui donc écrivait le programme
Qui servait les desseins infâmes
De votre gouvernement fantoche?
Vous prépariez les enfants à la débauche,
Au train de vie capitaliste
Contraire à notre idéologie marxiste!

Madame,
Essuyez donc vos larmes.

CRIMINAL

Madam,
Please take a seat.
I understand your disarray.
Sit down and listen to me.

Criminal?
You certainly are one!
And in a sense, you are not one.
All depends on how you look at it.

In the comfort of your youth
–Allow me to go back to your childhood–
Already you had chosen
To distance yourself from your homeland.
French nationality
French education
Don't you see
That you made an error?

Your teaching profession
–Certainly noble–you say is innocent
Of crimes against your country?
Take a moment and think about it!
What did you teach the children?
A foreign literature
A foreign philosophy
All blatant lies!

Teacher of the senior class
You committed no crime?
Yet, who wrote the programme
That served the vile intentions
Of your puppet government?
You prepared the children for debauchery
For the capitalist way of life
Contrary to our Marxist ideology!

Madam,
Dry your tears.

Je comprends votre repentir
Maintenant pensons à l'avenir.

Le Parti est magnanime
Et vous sortira de l'abîme.
Nous offrons sans conditions
Des cours de rééducation
Que vous suivrez pendant l'été
Deux, trois, quatre années
S'il le faut, une durée éternelle
Pour réformer votre âme criminelle!

I understand your repentance.
Now, let's think of the future.

The Communist Party is magnanimous
And will lift you out of the pit.
We offer without conditions
Re-education classes
Which you will take during the summer
Two, three, four years
If need be, an eternal duration
To reform your criminal soul!

SUR UN LIT D'HOPITAL

Un brouillard épais descend sur moi
Je dors–pour la dernière fois.

Je roule sur un lit de fer
L'eau froide me remplit l'estomac:
Une rivière . . . un fleuve . . . une mer . . .
Des flots de tristesse
Des vagues de souffrance!
Dans la rage de mon impuissance
 –Mes mains attachées aux colonnes de métal -
J'avale l'océan de mon existence
Et j'ai mal, si mal!

Sur la table d'opération
Mon corps glacé frissonne et tremble:
Une feuille morte . . . un séisme . . . une éruption . . .
Des sursauts de désespoir
Des convulsions de frayeur!
 Dans le silence de mes pleurs
 - Mon âme à jamais démunie de sa voix -
Je vomis l'océan de ma douleur
Et j'ai froid, si froid!

Un brouillard épais descend sur moi
Je dors–pour la dernière fois.

ON A HOSPITAL BED

A dense fog descends upon me
I sleep–for the last time.

I roll on a bed of iron
Cold water fills my stomach:
A stream . . . a river . . . a sea . . .
Floods of sadness
Waves of suffering!
In the rage of my helplessness
  –My hands tied to metal bars–
I swallow the ocean of my existence
And I hurt, how I hurt!

On the operating table
My frozen body shivers and trembles:
A dead leaf . . . an earthquake . . . an eruption . . .
Bursts of despair
Convulsions of fear!
In the silence of my tears
  –My soul forever stripped of its voice–
I vomit the ocean of my pain
And I am cold, so cold!

A dense fog descends upon me
I sleep–for the last time.

ENNEMIS

A mon oncle

J'ai brûlé un bâtonnet d'encens
Et prié pour ton père défunt.
Il y a trente ans que je ne l'ai vu
Mon coeur saigne pour ce frère perdu!

Vois-tu, ma nièce,
Nous avions grandi ensemble
Dans la campagne verdoyante du sud
Où les tiges de riz doraient les vastes champs
Et les cannes à sucre se balançaient au vent.
Comme deux jeunes chevaux en liberté
Nous trottions dans le plein air d'été
Savourant de simples plaisirs rustiques
Le coeur serein, l'âme pacifique . . .

Hélas! le destin a voulu qu'on se sépare
Et suive des voies totalement opposées.
Ton père a choisi l'aisance, la sécurité
En travaillant avec les colonialistes français.
Moi, débordant de zèle et de passion,
J'ai rejoint le Front de Libération.
Mon rêve? Affranchir la patrie du joug français.
Mes moyens? Quêter l'aide communiste à l'étranger.

Nous n'étions plus deux frères
Nous étions deux ennemis!
Il évoluait dans la lumière
Moi, je me cachais dans l'ombre.
Ce qu'il appelait "liberté"
Moi, je le nommais "impérialisme".
L'hostilité, la haine, l'horreur
Avaient désormais rempli nos coeurs.

Pourtant, ma nièce,
Dans la solitude de mes nuits de garde,
Quand les Camarades du Parti s'étaient endormis
Quand les grenouilles s'étaient tues dans les marais

ENEMIES

To my uncle

I burned an incense stick
And prayed for your deceased father.
I have not seen him in thirty years.
My heart bleeds for my lost brother.

You see, my niece,
We grew up together
In the verdant country of the South
Where rice plants gilded the vast fields
And sugar canes swayed in the wind.
Like two young horses free
We trotted in the fresh summer air
Savouring simple rustic pleasures
Our hearts serene, our souls peaceful . . .

Alas! Destiny tore us apart
To go our contrary ways.
Your father chose affluence, security
And worked with the colonialist French.
I, brimming with zeal and passion,
Joined the Liberation Front.
My dream? To free our country from French domination.
My means? Requesting foreign Communist aid.

We were no longer two brothers.
We were two enemies.
He moved in the light
I hid in the shadows.
What he viewed as liberty
I called imperialism.
Hostility, hatred, horror
Filled our hearts from then on.

Yet, my niece,
In the solitude of my night watches
When the Comrades of the Party were sleeping
When the frogs had quieted in the swamps

Et le silence offrait au pays un semblant de paix
Combien mon coeur haïssait cette ignoble querelle!
Combien me manquait la tendresse fraternelle!
Communisme, Capitalisme, Révolution,
La guerre entre compatriotes, quelle signification?

Ma nièce,
Ne cherche point à comprendre maintenant.
Le pays est unifié sous la direction du Parti.
Ton père est mort, nous prions pour lui
Vois-tu, d'une certaine façon, je m'en réjouis:
Il était dans le camp ennemi!
Il doit payer ses crimes envers la patrie!
Qu'aurais-je fait si le Parti, en expiation,
Enfermait mon frère dans un camp de concentration?

And silence offered a semblance of peace to the country
How in my heart I detested this ignoble fight!
How I longed for my brother's love!
Communism, Capitalism, Revolution,
War between compatriots, what does it all mean?

My niece,
Seek not to understand now.
The country is united under the direction of the Party.
Your father is dead, we pray for him.
You see, in a way, I am glad of it:
He was in the enemy camp.
He must pay for his crimes against the country.
And besides, what would I do, if the Party
Punished my brother and interned him in a concentration camp?

EPURATION

Citoyens, triez toutes vos affaires,
Cassettes et disques, livres et dictionnaires.
Cette semaine, à travers la nation,
C'est la grande vague de l'épuration!

A quoi servent ces gros bouquins, les encyclopédies?
Je n'en ai jamais entendu parler, de ma vie!
Vous n'en aurez pas besoin, videz-en vos étagères!
De plus, ils sont écrits en langues étrangères.

Balzac, Zola, Baudelaire, Victor Hugo?
Des romans, de la poésie, vous en avez trop!
Ne savez-vous donc pas qu'ils vous nourrissent d'illusions,
Qu'ils vous corrompent l'esprit par le mal et la perversion?

Détruisez vos disques de Beethoven et de Chopin
Ces compositeurs sont étrangers à nous autres Vietnamiens.
Jetez aussi vos chansons françaises et américaines!
La France et l'Amérique ne doivent nous inspirer que la haine!

A la bonne heure, vous avez des oeuvres de Russie!
Vous pouvez garder Tourgueniev et Dostoievski.
Les camarades soviétiques étaient nos alliés
Dans notre lutte pour l'indépendance et la liberté.

Citoyens, la purge que nous faisons est essentielle
Sur le plan politique et au niveau culturel.
Réjouissons-nous! Demain, un grand feu de joie sera organisé
Apportez donc vos livres là pour les brûler!

THE PURGE

Citizens, sort out all your belongings,
Cassette tapes and records, books and dictionaries!
This week, across the nation,
Is the big tide of expurgation.

What are these heavy books, encyclopedias, used for?
I never heard of them in all my life!
You won't need them, get them off your shelves!
They are even written in foreign languages!

Balzac, Zola, Baudelaire, Victor Hugo?
Novels, poetry books, you have too many of them!
Don't you know they foster illusions
And corrupt your mind with evil and perversion?

Destroy your records of Beethoven and Chopin!
Those composers are unknown to us Vietnamese.
Throw away your French and American songs as well!
France and America must inspire us with only hatred!

Good for you! You have works from Russia!
You may keep Turgenev and Dostoyevski.
The Soviet comrades were our allies
In our struggle for independence and liberty.

Citizens, the purge we are carrying out is essential
On a political level and on a cultural one.
Rejoice! Tomorrow, we'll organize a bonfire.
Bring your books there, to be burned!

LA DERNIERE LEÇON

Chers enfants,
Je vous dis adieu
Dans mon coeur,
Secrètement.

Vous qui m'avez écouté,
Vos yeux de biches émerveillés,
Exalter l'amoureuse tendresse,
Et la fascinante richesse
De la littérature de France
Cher pays de mon enfance.

Vous qui m'avez regardé,
Vos coeurs gonflants de pitié,
Débiter comme dans un songe
Les plus ignobles mensonges
Des belles théories marxistes
Et de la gloire communiste.

Vous qui avez partagé
Mes heures de travaux forcés
Dans les rues mouillées de pleurs,
Dans les champs arrosés de sueur,
Pour la reconstruction de la patrie
Sous la direction éclairée du Parti.

Chers enfants,
Je vous dis adieu
Dans mon coeur,
Secrètement.

Demain je vais vous quitter
Pour un jour ou l'éternité?
Ne sachant où le destin me mène,
Vers une terre libre ou vers la chaîne?
Au-delà des océans interdits
Est-ce la mort, est-ce la vie?

THE LAST LESSON

Dear children,
I bid you farewell
In my heart,
Secretly.

You who listened to me,
Your eyes wide with wonder,
Exalting the loving tenderness
And fascinating richness
Of the literature of France,
Dear country of my tender years.

You whose hearts swelled with pity,
Sadly looked at me
Churn out–as in a dream–
The most ignoble lies
Of beautiful Marxist theories
And of Communist glories.

You who shared the endless hours
Of my forced labours
In streets drowning with tears
In fields watered with sweat
For the reconstruction of the country
Under the enlightened guide of the Party.

Dear children,
I bid you farewell
In my heart,
Secretly.

Tomorrow I shall leave you
For a day or eternity?
Not knowing where destiny leads me,
Toward freedom or captivity?
Beyond the forbidden oceans
Is it death, is it life?

Je vous laisse mon âme endeuillée
De brèves amours et d'amitiés,
Toute inondée de reconnaissance
De votre jeunesse et innocence.
Qu'avez-vous donc à me pleurer ?
Ouvrez vos livres et vos cahiers!

To you I bequeath my soul
Grieving lost loves and friends,
Filled with gratitude
For your youth and innocence.
So why do you weep for me?
Open your books and study!

PRIEZ POUR NOUS, PAUVRES PECHEURS . . .

Je Vous salue, Marie, pleine de grâce,
Le Seigneur est avec Vous

Montez vite, et donnez-moi votre argent!
Grouillez-vous, nous n'avons pas toute la nuit
Et bouclez-la, arrêtez tout ce bruit
La patrouille côtière peut venir à tout moment!

Vous êtes bénie entre toutes les femmes
Et Jésus, le fruit de Vos entrailles, est béni

Poussez-vous, poussez-vous, faites de la place
Nous avons trente-et-un passagers en tout
Serrez-vous, prenez les enfants sur vos genoux
Et ne vous agrippez pas au mât, de grâce!

Sainte Marie, Mère de Dieu,
Priez pour nous, pauvres pécheurs

Seigneur, ces femmes qui sont déjà malades!
Et qu'est ce donc, ces vilains ballots?
Laissez-les à terre, ou jetez-les dans l'eau
Croyez-vous qu'on s'en va en promenade?

Priez pour nous, pauvres pécheurs
Maintenant et à l'heure de notre mort
Ainsi soit-il.

PRAY FOR US, SINNERS

Hail Mary, full of grace,
The Lord is with Thee . . .

Get on board, hurry, give me your money!
Move it, we don't have all night
And shut up, cut out all that noise,
The coast guard could be here any minute!

Blessed art Thou amongst women
And blessed is the fruit of Thy womb, Jesus . . .

Move over, move over, make room
We have thirty-one passengers in all
Squeeze in, put the children on your laps
And don't grab the mast, for God's sake!

Holy Mary, Mother of God,
Pray for us, sinners . . .

Lord, these women are sick already!
And what are these ugly-looking bundles?
Leave them on the ground, or throw them in the water!
Do you think we are going on a cruise?

Pray for us, sinners,
Now and at the hour of our death
Amen.

VISAGES DE LA MER

(Dans mon enfance)
Majestueuse
Pacifique
Exotique
Bienheureuse

(Dans l'exode)
Insondable
Excentrique
Dramatique
Inéluctable

(Dans la piraterie)
Ensanglantée
Fatidique
Léthargique
Résignée

(Dans mon coeur)
Sensuelle
Nostalgique
Enigmatique
Eternelle

FACES OF THE SEA

(In my childhood)
Majestic
Peaceful
Exotic
Blessed

(In the exodus)
Unfathomable
Eccentric
Dramatic
Ineluctable

(In the piracy)
Bloody
Fateful
Lethargic
Resigned

(In my heart)
Sensuous
Nostalgic
Enigmatic
Eternal

AUX BOAT PEOPLE

Quel courage de défier l'océan inconnu
Dans votre barque si frêle, si pitoyable!
Au soleil couchant quand je vous ai vus
Mon coeur s'est serré pour votre destin misérable . . .

Ces petits gamins aux yeux épouvantés
Ont-ils jamais goûté la tendresse de l'enfance?
Qui donc pleurent-elles, ces femmes effarées,
Leur époux ou leur frère en captivité et souffrance?

Dans notre bateau, les pêcheurs parlent gaîment.
Ils se partagent déjà leur butin et leurs proies,
Prédisant dollars, or et diamants,
Et des filles à prendre à coeur joie!

Vous les appelez pirates, et je suis parmi eux
Mais voyez-vous, il faut nous comprendre.
Matin et soir, nous travaillons de notre mieux
Des poissons à nettoyer, des filets à tendre . . .

De père en fils, sur la mer incertaine
Nous rapportons seulement de quoi subsister!
Là-bas au village, nos familles en peine
N'ont jamais connu que la pauvreté.

Boat people, aux lueurs du matin nous attaquerons.
Acceptez donc votre sort sans résister
Il y aura moins de violence, sans affront
Et vous partiriez ensuite au camp de réfugiés!

TO THE BOAT PEOPLE

What courage to defy the unknown ocean
In your boat so frail, so pitiful!
In the sunset, when I saw you
My heart was gripped by your miserable fate . . .

These little guys with eyes full of horror
Have they ever tasted the sweetness of childhood?
For whom are they crying, these frightened women,
Their spouses or brothers in captivity and suffering?

In our boat, the fishermen talk merrily.
Already they share their loot and prey,
Forecasting dollars, gold and diamonds,
And girls for their hearts' delight.

You call them pirates, and I am one of them.
But you see, you must understand.
Day and night, we labour all we can,
Fish to clean, nets to tend.

From father to son, on the uncertain seas,
We bring back only enough to subsist.
Back there in the village, our struggling families
Have never known anything but poverty.

Boat people, at the morning's first lights, we will attack.
Accept your lot, don't resist!
There will be less violence if you don't defy us
And then you may go to the refugee camp.

AUX REFUGIES

(Camp de Leamsing, Thailande)

Nous vous souhaitons la bienvenue
Dans notre pays riche et prospère.
Dormez bien ce soir!
Vos lits sont ici dans les rues
Inondées de noir.
Serrez-vous comme des poissons, par terre.

Nous vous souhaitons la bienvenue
Dans notre pays fier de sa beauté.
Nos cieux étoilés,
Nos mers chaudes de vos vies perdues,
Nos palmiers élancés,
Admirez-les derrière vos clôtures de barbelés.

Nous vous souhaitons la bienvenue
De tous nos coeurs accueillants et généreux.
Le monde vous a donné
Ces rations de riz blanc et de morue,
Nous en gardons la moitié.
Pour apaiser votre faim, mangez de votre mieux.

Nous vous souhaitons la bienvenue
Dans une nation de paix et de liberté.
Fiez-vous entièrement
Aux fusils durs et baïonnettes aiguës
De nos soldats vigilants
Qui sont là pour votre ordre et tranquillité.

TO THE REFUGEES

(Leamsing Camp, Thailand)

We welcome you
To our land of wealth and prosperity.
Sleep well tonight!
Your beds are here on the streets
Flooded with darkness.
Squeeze in like sardines, on the ground.

We welcome you
To a country proud of her beauty.
Our starlit skies
Our seas warm with your lost lives
Our slender palm trees
Admire them from behind your barbed wire!

We welcome you
With generous and kind hearts.
The world gave you
Rations of rice and codfish
We will keep our half.
To appease your hunger eat as best you can!

We welcome you
To a nation of peace and freedom.
Trust entirely
The cold rifles and sharp bayonets
Of our vigilant soldiers
Who are there for your comfort and order.

MARCHANDE DE RIZ GLUANT

Trois bahts le paquet!
Venez acheter
Le riz gluant
Chaud et succulent
Pour votre petit déjeuner!

Les graines de riz d'un blanc savoureux
Que j'ai lavées hier aux larmes de mes yeux
Les graines d'haricots
Les filaments de noix de coco
Que j'ai fait cuire à la fumée
De mes espérances volatisées.

Dans la nuit oppressante du camp de réfugiés
J'attise le feu de bûches embrasées
Et je sommeille
Et je veille . . .
Un autre verre de lait
Pour attendrir la fatalité
Un peu de sucre brun
Pour adoucir le destin!
Déjà un coq lance son chant au loin
Il faut que mon riz soit cuit à point
J'ai des enfants à nourrir
Et un foyer à reconstruire.

Trois bahts le paquet!
Venez acheter
Le riz gluant
Chaud et succulent
Pour votre petit déjeuner!

VENDOR OF GLUTINOUS RICE

Three bahts a pack
Come and buy
Glutinous rice
Hot and succulent
For your breakfast!

Grains of rice, white and tasty
I washed yesterday in the tears of my eyes
Grains of beans
Threads of coconut
I cooked in the smoke
Of my vanished hopes.

In the oppressing night of the refugee camp
I stoke the fire of burning logs
And I doze
And I watch . . .
Another glass of milk
To soften fate
A little bit of brown sugar
To sweeten destiny!
Already, a rooster crows in the distance
My rice must be cooked just right.
I have children to feed
And a home to rebuild.

Three bahts a pack
Come and buy
Glutinous rice
Hot and succulent
For your breakfast!

LA TERRE PROMISE

Vous voici donc à la Terre Promise!
Un vaste pays–la deuxième superficie du monde–
Bordé d'océans immenses
Semé de lacs pittoresques
Baigné de fleuves majestueux . . .

La ville de Montréal où vous êtes arrivés
Est vibrante de joie et de vitalité.
Elle a été le site
De Jeux Olympiques d'été
D'Expositions Internationales
Et d'autres événements mondiaux.
Malheureusement,
Ici on n'accepte plus d'immigrants
Il faudra vous établir dans d'autres provinces.

Voici Longue-Pointe, une ancienne base militaire.
Vous y resterez le temps nécessaire
Pour remplir toutes les formalités:
Examen médical, papier jaune de réfugié . . .
Vous aurez des interprètes
Si vous ne parlez pas français.
Mettez donc vos maigres possessions
Sous vos lits dans le dortoir.
Ici vous serez logés et nourris
En attendant de partir vers votre nouvelle vie.

Mais auparavant
Il faudra vous désinfecter!
Débarrassez-vous donc de vos vieux vêtements
Et enfilez ces blouses en papier.
Les lavatoires sont de ce côté
Alignez-vous pour qu'on vous mette
Ce shampoing insecticide sur la tête
Et frottez, frottez, frottez!
Il faut vous désinfecter
Pour être tout à fait de mise
Pour la Terre Promise.

THE PROMISED LAND

So now you are in the Promised Land!
A vast country–the second largest in the world–
Bordered by immense oceans
Dotted with picturesque lakes
Bathed with majestic rivers . . .

The city of Montreal where you landed
Is vibrant with joy and vitality
It was the site
Of the Summer Olympic Games
Expo 67
And other world events.
Unfortunately
We don't accept any more immigrants here!
You have to settle in another province.

This is Longue Point–an old military base–
You will stay here long enough
To go through all the formalities:
Medical exam, "yellow paper" for your refugee status
You will have interpreters
If you don't speak French.
Please put your meagre possessions
Under your beds in the dormitory.
Here you will be lodged and fed
While waiting to depart for your new life.

But first,
You must be disinfected!
Remove your old clothes
And put on these paper blouses.
The washrooms are this way.
Line up so we can pour
This insecticide shampoo on your heads
And scrub, scrub, scrub!
You must be disinfected
To be acceptable
In the Promised Land.

ETRANGERE

Tu n'as pas à t'excuser!
Les remous de tes yeux clairs
Vacillants de tristesse précaire
M'en disent déjà assez.

Du monde libre de ta vie
Où tintent les rires d'argent
De doux plaisirs innocents,
Je me suis déjà bannie.

Dans l'immense espace
Où brillent les feux de joie
De ton avenir rempli de foi,
Je ne veux point de place.

Et dans ta langue enchantée
Qui m'est toujours étrangère,
Mon âme douloureuse et fière
Ne sait guère s'exprimer.

Mais je me suis cherchée
Un coin sombre et solitaire
Dans ton coeur trop pressé de plaire.
Tu n'as pas à t'excuser!

OUTSIDER

Give me not your apology!
Your pale eyes veiled with distress
Vacillating in precarious sadness
Have said plenty . . .

Your world of liberty
Where crystal laughter chimes
The softness of innocent times
Is far away from me.

In the immensity of space
Where joys shine bright
Your future of faith and delight
I covet not a place.

In your language of enchantment,
Forever disallowed,
My soul grieving and proud
Shall remain silent.

Yet I discovered
A dark and lonely retreat
In your heart yearning to please.
Give me not your apology!

REGRETS DE COULEUR

Prends mes mains
Et regarde les traces
Des années qui passent
Apre rivière sans fin.

Prends mon visage
Et regarde la triste couleur
D'une peau sombre de douleur
D'un cours d'eau sans rivage.

Dans mes cheveux de jais
Que je voudrais teinter d'or
Regarde l'incessant remords
Qui déchire comme une plaie.

Dans mes yeux de brume
Que je voudrais teinter d'azur
Se dresse le silence d'un mur
De regret et d'amertume.

Comment arrêter les années?
Comment éclairer le soir
De mes yeux noirs, trop noirs
Et changer la destinée?

Dans mon coeur d'Orient
Qui a fleuri trop tard
L'abîme qui nous sépare
M'engouffre doucement.

REGRETS

Take my hands
And see the traces
Of passing years,
Harsh river without end!

Take my face
And see the sad colour
Of a skin sombre with pain
Of a water course without shore!

In my jet black hair
I wish to tint gold
See the incessant remorse
Tearing like a wound!

In my misty eyes
I wish to tint azure
Stands the silent wall
Of regret and bitterness.

How to stop the years?
How to light the night
Of my dark, too dark eyes
And challenge destiny?

In my Oriental heart
That has bloomed too late
The chasm separating us
Engulfs me softly.

MAÏS

Un klaxon chante dehors
J'empoigne mon déjeuner,
Mon casque, mon tablier,
Et vivement je sors.

Dans la vieille voiture,
"Good morning" ou "hello"
Quoi dire? je ne sais trop
Et on part à l'aventure.

Travailleurs de nuit,
Le corps las d'épuisement,
Les yeux rouges et piquants
D'un sommeil qui fuit.

Sur la table de métal
Tombe, saute et glisse
Le maïs, encore le maïs
Dans une course infernale.

Et j'épluche, et je trie
Du maïs en montagnes
Du maïs où je gagne
Les dollars de ma vie.

La cloche sonne une pause
Pour les travailleurs fourbus,
Les mains blanches de verrues
Et le coeur en hypnose.

Dehors, la nuit tendre et lisse
Berce la ville endormie.
Et dans mon âme engourdie
Coulent des flots de maïs . . .

CORN

A horn sings outside.
I grab my lunch,
My helmet and apron
And quickly leave.

Into the old car
"Good morning" or "hello"
What to say? I am unsure
And we're on our way.

Workers of the night
Bodies weary with exhaustion
Eyes red and stinging
From lack of sleep.

On the metal table
Falls, slides and tumbles
The corn, the corn
An infernal stream.

And I peel, and I sort
Mountains of corn
Corn from which I earn
The dollars of my life.

The bell signals a break
For tired workers,
Their hands white with blisters
And their hearts in a deep trance.

Outside, the night soft and tender
Lulls the town to sleep.
And in the numbness of my soul
Waves of corn flow . . .

LES MOTS

Je connais des mots qui blessent
Plus durs que les cailloux du chemin
Le chemin où mon coeur en détresse
Trébuche et s'accroche en vain.

Les yeux aveuglés, les mains meurtries,
Je me relève en ramassant les miettes
Mais le vent de ce soir flétri
Me barre la voie et me rejette.

Je connais des mots qui durent
Plus persistants que les ombres de la nuit
La nuit où mon âme en torture
Se perd et noie sans aucun bruit.

WORDS

I know words that hurt
Harder than stones on the road
The road where my heart in distress
Stumbled and struggled in vain.

My eyes blinded, my hands bruised,
I stand up again, putting the pieces back together,
But the wind of this withered evening
Blocked my way and rejected me.

I know words that last
More persistent than shadows of the night
The night where my soul in torture
Was lost and drowned without a sound.

DANS LES RUES DE PARIS

Dans les rues de Paris je me suis promenée
En cherchant les traces de tes premières années.
L'ombre de ces vieux platanes par le vent caressés
Tes rêves nonchalants a-t-elle abrités?

Sur les berges de la Seine je me suis assise
Sondant les profondeurs des eaux mornes et grises.
Le soir qui descend, imprégné de chants d'église,
Ton âme tendre et passionnée a-t-il comprise?

Les Jardins majestueux déroulent leurs parterres fleuris
Aux touristes enchantés des merveilles de Paris.
Quelles herbes folles as-tu furtivement cueillies?
Quel sombre recoin a été ton paradis?

Les trottoirs de Saint-Michel j'ai parcourus
A la recherche de tes amours perdues.
Où donc jaunissent les pages qui t'ont ému
Des bouquinistes que tu as jadis connus?

Dans les rues de Paris j'ai doucement pleuré
Ta précieuse enfance que je n'ai su retrouver.
Et dans cette triste ville dont on admire la beauté
Le meilleur coin de ma vie j'ai enterré.

ON THE STREETS OF PARIS

On the streets of Paris I strolled
Searching for traces of your early years.
Did the shade of these old plane trees caressed by the wind
Shelter your carefree daydreams?

On the banks of the Seine I sat
Probing the depths of waters dreary and grey.
Did the falling night, impregnated with church hymns
Understand your tender and passionate soul?

The majestic Gardens unfold their flowerbeds
For tourists enchanted with the wonders of Paris.
Which wild grasses did you furtively pick?
Which dark corner was your paradise?

The sidewalks of Saint Michel I travelled up and down
In search of your lost loves.
Where are the yellowing pages that moved you
In bookstores you once knew?

On the streets of Paris I softly cried
For your precious childhood I could not recover.
And in this sad city whose beauty is admired
I buried the best part of my life.

PAROLES D'OUTRE-TOMBE

Viens mon amour, près de moi viens!
Les tamariniers sont déjà en fleurs
Comme autrefois, tu t'en souviens?
Les grillons rassemblés chantent en choeur.

Ne vois-tu point l'herbe décrépite
Où brillent des larmes de rosée pure?
Toi qui aimais les marguerites,
Pâles reflets de ton âme pure.

Pour toi j'ai semé de tendres caresses
Au bord des eaux que nous aimions.
Qu'as-tu fait de mon sang de noblesse,
Les fruits ardents de nos passions?

Dans la nuit claire j'attends en silence
Le résonnement de tes pas bien-aimés.
Hélas! ne puis-je arrêter la décadence
De mon corps par les vers rongé?

Viens mon amour, je t'ai pardonnée
Et languis dans la terre immonde
Du sol natal de toi oublié.
Que fais-tu là, à courir le monde?

WORDS FROM THE GRAVE

Come my love, come close to me.
The tamarind trees are already in bloom
As in the past, do you remember?
Crickets gather and sing in unison.

Don't you see the dying grass
Where the tears of pure dew shine?
You who loved white daisies,
Pale reflections of your pure soul.

For you I have sown tender caresses
By the waters we once loved.
What have you done to my noble blood,
The ardent fruit of our passion?

In the clear night I wait in silence
For the sound of your beloved footsteps.
Alas! how could I stop the decay
Of my worm-eaten body?

Come my love, I have forgiven you
And wait for you in the vile earth
Of the native land you have forgotten.
What are you doing there, roaming the world?

LA LOI DES DIEUX

Attends-moi
Au pays des Neuf Sources
Puisqu'on n'a pu être ensemble dans la vie . . .

Nos deux signes étaient incompatibles,
Ils se sont détruits l'un l'autre.
Tigre, tu aurais dû t'allier à un Cheval
Ou à un Chien,
Qui aurait pu t'apporter le bonheur et la prospérité.
Tu aurais dû suivre les conseils des astrologues,
Prédisant le malheur de nos deux destinées
Au lieu d'écouter la voix de ton coeur.
Tu aurais dû me faire entrer à la dérobée
Par la porte de service,
Furtifs amants coupables,
Au lieu de franchir fièrement le seuil de nos amours,
Unis par la loi des hommes,
Et condamnés par la loi des dieux.

Attends-moi
Au pays des Neuf Sources
Puisqu'on n'a pu être ensemble dans la vie . . .

LAW OF THE GODS

Wait for me
In the Land of the Nine Springs
As we could not be together in this life . . .

Our two signs were incompatible
They destroyed each other.
Tiger, you should have matched with a Horse
Or a Dog,
Who would have brought you happiness and prosperity.
You should have followed the advice of astrologers
Predicting the curse of our two destinies
Instead of listening to the voice of your heart.
You should have taken me secretly
By the back door,
Furtive and guilty lovers,
Instead of proudly crossing the threshold of our love,
Joined by the law of men,
And condemned by the law of the gods.

Wait for me
In the Land of the Nine Springs
As we could not be together in this life . . .

IL SE PEUT

Il se peut que tu te souviennes
Du rendez-vous d'un soir d'hiver
Où la neige glaciale et le vent amer
Nous emprisonnent dans un triste univers . . .

Il se peut que tu pardonnes
Mes rêves errants de joie et de liberté
Qui m'emportent au-delà de la réalité
Dans ton monde d'harmonie et de beauté . . .

Il se peut que tu ressentes
La douce langueur d'un coeur amoureux
Qui allume les claires étoiles des cieux
Dans l'inexorable ébène de mes yeux . . .

Il se peut que tu comprennes
Mon âme éperdue de ton absence
Qui, de gaîté factice et de nonchalance,
Voile fièrement son indicible souffrance . . .

CHANCES ARE . . .

Chances are you still treasure
Memories of a wintry evening
Chilly snows and bitter winds
The sad prison of our being . . .

Chances are you will forgive
Joys and freedoms of wandering dreams
Sweeping me beyond reality
Into your splendid world of harmony.

Chances are you feel inside
The soft dying of an amorous heart
Kindling bright stars of the skies
In the inexorable ebony of my eyes.

Chances are you understand
The emptiness of my distraught soul
Laughing in vain, carrying with pride
The inexpressible pain I try to hide.

FEMMES DE MON PAYS

Une fille? Que c'est dommage!
On aurait pu avoir un beau petit bébé garçon
Pour continuer la lignée
Pour porter le nom de la famille.
Trois garçons nés l'un après l'autre
Cela porte bonheur, un proverbe l'a dit
Ce serait l'aisance, la prospérité.

Petites filles, on vous appris à bien vous tenir
Marchez comme il faut
Asseyez-vous comme il faut
Baissez les yeux
Soyez gracieuses et douces et effacées
Oui, toujours effacées
N'ouvrez la bouche que quand on vous le demande.

Adolescentes, on a consulté les oracles pour vous
Pour vous trouver un bon mari
Qui viendrait d'une bonne famille
Qui paierait le prix le plus élevé
Or et argent
Soie et satin
Offrandes à vos ancêtres.

La nuit nuptiale, on vous a préparé un lit luxueux
Des oreillers brodés aux dragons et aigles entrelacés
Cela porte bonheur au couple
Et l'inévitable drap immaculé
On s'attend à ce que votre sang coule
Preuves de votre virginité
Votre belle-mère viendrait examiner ces taches vermeilles.

Epouses et mères de famille, vous êtes les premières levées
Avant le chant matinal du coq
Balayez, époussetez, nettoyez
Apportez le thé en offrande sur l'autel des ancêtres
Faites bouillir l'eau chaude
Pour la toilette de votre belle-mère et de votre mari
Servez le petit déjeuner à toute la famille.

WOMEN OF MY COUNTRY

A girl? What a shame!
We could have had a beautiful little baby boy
To continue the lineage
To bear the family name.
Three boys in a row
Is good luck, a proverb said
And will bring affluence, prosperity.

Little girls, you were taught how to behave
Walk properly
Sit properly
Lower your eyes
Be gracious and soft and effaced
Yes, always effaced
Open your mouth only when you are told to.

Adolescents, oracles were consulted for you
To find you good husbands
Who would come from good families
Who would pay the highest price
Gold and silver
Silk and satin
Offerings to your ancestors.

For your wedding night, a luxurious bed has been prepared
Pillows embroidered with dragons and eagles intertwined
Bring happiness to the couple
And the inevitable immaculate sheet
Your blood is expected to flow
Proof of your virginity
Your mother-in-law will come and examine these red stains.

Wives and mothers, you are the first ones up
Before the morning song of the rooster.
Sweep, dust, clean
Bring tea in offering to the ancestors' altar
Boil hot water
For the toilette of your mother-in-law and your husband
Serve breakfast to the whole family.

Et ne languissez pas pendant la journée
Vous avez mille tâches à remplir
Sans importance à côté du travail d'un homme
Mais il faut que vous les accomplissiez à la perfection
Astiquez le cuivre que ça luise
Cuisinez des repas aux mets recherchés
Vos parents ne vous ont donc rien appris?

Femmes de mon pays,
Perpétuez les traditions
D'une civilisation plusieurs fois millénaire.
Ne manquez pas d'enfanter de beaux garçons
Pour continuer la lignée
Et peut-être une fille ou deux
Pour continuer à servir.

And don't lounge about during the day
You have a thousand tasks to do
Which have no importance compared to men's work
But you have to accomplish them to perfection.
Polish the brass till it shines
Cook elaborate meals
Didn't your parents teach you anything?

Women of my country,
Perpetuate the traditions
Of a civilization thousands of years old.
Don't forget to give birth to beautiful boys
To continue the lineage
And perhaps one girl or two
To continue to serve.

MON BONHEUR PERMIS

Un petit carré de table
Un café amer et doux
Les yeux picotants de sable
L'âme branlante et floue . . .

Voilà mon bonheur permis
Un coin de ciel somnambule
Tantôt argenté, tantôt gris
Au gré des caprices de la lune.

Autour de moi, rien que silence,
Calme, abandon et volupté.
Pourquoi sens-je mille souffrances
M'assaillir de tous côtés?

Devoirs pesants, tâches ingrates,
Amours éphémères ou perdues,
Ombres ensorcelantes et disparates
Saignent mon coeur mis à nu.

Pourtant j'ai un coin de tendresse,
De mon âme apaisante oasis
Pleine d'espérance et de tristesse,
Le bonheur qui m'est permis.

THE HAPPINESS ALLOWED TO ME

A little square of table
A coffee bitter and sweet
Eyes stinging
The soul shaky and blurred.

That is my allowed happiness
A corner of sleepy sky
Sometimes silver, sometimes grey
As it pleases the whims of the moon.

All around me, nothing but silence,
Calm, abandonment and delight.
Why do I feel a thousand pains
Assailing me on every side?

Duties weigh, thankless tasks,
Loves fleeting or lost,
Shadows bewitching and disparate
Bleeding my heart dry.

Yet I have a corner of tenderness,
To my soul a soothing oasis
Filled with hope and sadness,
The happiness allowed to me.

JE REVIENDRAI

Un jour je reviendrai sur la terre de mes amours
Et de ses morbides années j'effacerai le cours.
Je me promènerai dans les rues peuplées d'images
Et contemplerai un ciel pur sans nuages.

Au "Village Littéraire" bondé d'artistes et d'écrivains
Je m'assoierai, la bouche paisible et l'oeil serein.
J'écouterai la musique des pages enchanteresses
Qui coule dans mon coeur comme des ondes de caresses.

Dans la tendre lueur des premiers feux de l'aurore
Orchidées et chrysanthèmes viennent d'éclore.
Déjà les marchandes matinales se préparent hâtivement.
Serait-il une journée fructueuse qui les attend?

Savourant le bol de riz chaud et parfumé,
Je remercierai en silence le dur labeur acharné
Des paysans au visage tanné de soleil et de vent
Qui marchent derrière leurs buffles dans les vastes champs.

Les cloches à midi sonnent la fin des classes.
Dans les rues, des flots joyeux d'écoliers passent,
Livres sous le bras, en discussion effervescente,
Leurs uniformes éclatants de blancheur innocente.

Oui, je reviendrai! Je saluerai dans la brise satinée
Les couleurs de mon pays au destin condamné,
Jaune comme la peau de ma race exilée,
Rouge du sang fier des héros tombés.

I SHALL RETURN

One day, I shall return to the land of my loves
And I shall erase its morbid years.
I shall walk on the streets crowded with images
And contemplate a pure sky without clouds.

In the "Literary Village" of artists and writers
I shall sit, peaceful, eyes serene.
I shall listen to the music of enchanting pages
Which flows in my heart like caressing tides.

In the tender first lights of dawn
Orchids and chrysanthemums have just reopened.
Already the early vendors hastily prepare.
Will a fruitful day await them?

Savouring a bowl of rice, hot and fragrant,
I shall thank in silence the hard and relentless labour
Of peasants with faces tanned by sun and wind
Who walk behind their buffaloes in the vast fields.

The bells at noon ring the end of classes.
In the streets, joyous students flow,
Books under their arms, in effervescent discussion,
Their uniforms bright with innocent whiteness.

Yes, I shall return! I shall salute in the satin breeze
The colours of my country with its condemned destiny,
Yellow like the skin of my exiled race
Red like the fierce blood of fallen heroes.

LAISSEZ-MOI

Laissez-moi écrire,
Créer, inventer, composer!
Dans la stupeur des nuits éthérées
Laissez-moi dire
Le tumulte de mon âme tourmentée . . .

Des années de dévouement
Une éternité de renoncement!
Des siècles de silence
Une infinité de souffrance!
J'ai travaillé, soigné, cultivé . . .
J'ai souri, servi, accompli . . .
Un nom dépourvu d'identité
Un corps dérobé de vie!
Dans la léthargie de mes yeux épuisés
La source de mes larmes s'est tarie.
Dans la rigidité de mon coeur aigri
Le flot de mon sang s'est arrêté.

Laissez-moi vivre,
Palpiter, expérimenter, espérer!
Dans la douceur des crépuscules voilés
Laissez-moi vivre
Le déclin de mes jours condamnés . . .

LET ME

Let me write,
Create, invent, compose!
In the stupor of etherized nights
Let me tell
The tumult of my tormented soul.

Years of dedication
An eternity of abnegation!
Centuries of silence
An infinity of suffering!
I worked, cared, cultivated . . .
I smiled, served, accomplished . . .
A name without identity
A body without life!
In the lethargy of my exhausted eyes
The source of my tears has run dry.
In the rigidity of my embittered heart
The stream of my blood has stopped.

Let me live,
Throb, experience, hope!
In the softness of misty twilights
Let me live
The decline of my condemned days . . .